中华人民共和国行业推荐性标准

收费公路移动支付技术规范
第一册 停车移动支付

Technical Specification for Mobile Payment of Toll Road
Section 1　Manual Mobile Payment

JTG/T 6303.1—2017

主编单位：交通运输部公路科学研究院
批准部门：中华人民共和国交通运输部
实施日期：2018 年 01 月 01 日

人民交通出版社股份有限公司

律师声明

本书所有文字、数据、图像、版式设计、插图等均受中华人民共和国宪法和著作权法保护。未经人民交通出版社股份有限公司同意，任何单位、组织、个人不得以任何方式对本作品进行全部或局部的复制、转载、出版或变相出版。

任何侵犯本书权益的行为，人民交通出版社股份有限公司将依法追究其法律责任。

有奖举报电话：(010) 85285150

北京市星河律师事务所
2017 年 10 月 31 日

图书在版编目（CIP）数据

收费公路移动支付技术规范. 第一册，停车移动支付：JTG/T 6303.1—2017 / 交通运输部公路科学研究院主编. — 北京：人民交通出版社股份有限公司，2017.12
 ISBN 978-7-114-14380-9

Ⅰ. ①收… Ⅱ. ①交… Ⅲ. ①移动通信—通信技术—应用—收费道路—支付方式—技术规范—中国 Ⅳ. ①U412.36-65

中国版本图书馆 CIP 数据核字（2017）第 303080 号

标准类型：中华人民共和国行业推荐性标准
标准名称：收费公路移动支付技术规范　第一册　停车移动支付
标准编号：JTG/T 6303.1—2017
主编单位：交通运输部公路科学研究院
责任编辑：吴有铭　李　沛
出版发行：人民交通出版社股份有限公司
地　　址：(100011) 北京市朝阳区安定门外外馆斜街 3 号
网　　址：http://www.ccpress.com.cn
销售电话：(010) 59757973
总 经 销：人民交通出版社股份有限公司发行部
经　　销：各地新华书店
印　　刷：北京市密东印刷有限公司
开　　本：880×1230　1/16
印　　张：2.25
字　　数：38 千
版　　次：2017 年 12 月　第 1 版
印　　次：2017 年 12 月　第 1 次印刷
书　　号：ISBN 978-7-114-14380-9
定　　价：20.00 元

(有印刷、装订质量问题的图书，由本公司负责调换)

中华人民共和国交通运输部

公 告

第 50 号

交通运输部关于发布《收费公路移动支付技术规范 第一册 停车移动支付》的公告

现发布《收费公路移动支付技术规范 第一册 停车移动支付》（JTG/T 6303.1—2017），作为公路工程行业推荐性标准，自 2018 年 1 月 1 日起施行。

《收费公路移动支付技术规范 第一册 停车移动支付》（JTG/T 6303.1—2017）的管理权和解释权归交通运输部，日常解释和管理工作由主编单位交通运输部公路科学研究院负责。

请各有关单位注意在实践中总结经验，及时将发现的问题和修改建议函告交通运输部公路科学研究院（地址：北京市海淀区西土城路8号，邮政编码：100088），以便修订时研用。

特此公告。

中华人民共和国交通运输部
2017 年 11 月 30 日

交通运输部办公厅　　　　　　　　　　　　　2017 年 12 月 1 日印发

前　言

本规范是为适应技术发展、服务人民群众便捷出行、促进"互联网+"与收费公路深度融合发展制定的，对于指导全国收费公路停车移动支付相关设施建设、保障收费系统的安全稳定运行具有重要意义。

本规范为《收费公路移动支付技术规范》的第一册——停车移动支付，是收费公路停车移动支付相关设施建设的依据，内容包括6章和4个附录，分别是：1 总则、2 术语和缩略语、3 基本规定、4 系统框架及功能要求、5 信息编码和数据接口、6 安全防护要求、附录A 交易流程、附录B 出口车道停车移动支付关键操作流程、附录C 受理终端技术要求、附录D SE模块技术要求。

本规范由交通运输部公路科学研究院承担编制。请各有关单位在执行过程中，将发现的问题和意见，函告本规范日常管理组，联系人：刘鸿伟（地址：北京市海淀区西土城路8号，交通运输部公路科学研究院，邮编：100088；电话：010-62079526-208，传真：010-62045674；电子邮箱：lhw@itsc.cn），以便修订时参考。

主 编 单 位：交通运输部公路科学研究院
参 编 单 位：北京中交国通智能交通系统技术有限公司
　　　　　　　　广东省交通集团有限公司
　　　　　　　　湖南省高速公路监控中心
　　　　　　　　公安部信息安全等级评估中心
　　　　　　　　北京交科公路勘察设计研究院有限公司
　　　　　　　　蚂蚁金融服务集团

主　　　编：李爱民
主要参编人员：刘鸿伟　王立岩　赵劲涛　王　刚　宫福军　盛　刚
　　　　　　　　罗胜坚　瞿　佳　陈海华　艾春迪　梅新明
主　　　审：孙兴焕
参与审查人员：王　军　黄汝存　李　辉　汪志华　李　耿　汤　成
　　　　　　　　邢万勇　田丽萍　杨　蕴　翟占林
参 加 人 员：王　平　谢海强　孙德强　刘　鹏　何　山　余绪金
　　　　　　　　陈丙勋　谢蒙萌　肖　迪　许　俊　郭艳梅　卢立阳
　　　　　　　　黎水林　田晓庄　李汉魁　张玉军　周　斌　张春杰

目　次

1 总则 ·· 1
2 术语和缩略语 ··· 2
　2.1 术语 ·· 2
　2.2 缩略语 ··· 4
3 基本规定 ··· 5
4 系统框架及功能要求 ··· 6
　4.1 系统框架 ·· 6
　4.2 功能要求 ·· 7
5 信息编码和数据接口 ·· 10
　5.1 信息编码 ··· 10
　5.2 数据接口 ··· 11
6 安全防护要求 ··· 14
　6.1 网络安全防护要求 ··· 14
　6.2 设备安全防护要求 ··· 16
　6.3 应用安全防护要求 ··· 18
　6.4 数据安全防护要求 ··· 20
　6.5 物理和环境安全防护要求 ·· 20
附录 A 交易流程 ·· 21
附录 B 出口车道停车移动支付关键操作流程 ······················· 23
附录 C 受理终端技术要求 ·· 24
附录 D SE 模块技术要求 ··· 26
本规范用词用语说明 ··· 27

1 总则

1.0.1 为提升收费公路服务水平，指导停车移动支付在收费公路领域的应用，制定本规范。

条文说明

制定本规范目的是为适应社会公众的出行需求，提升收费公路服务水平，遵循"开放、包容、融合、创新"的理念，指导停车移动支付在收费公路领域的应用。

1.0.2 本规范适用于封闭式收费公路停车移动支付相关设施建设，开放式收费公路停车移动支付和其他支付场景可参照执行。

1.0.3 本规范是《收费公路移动支付技术规范》的第一册，与不停车移动支付相关规范共同组成《收费公路移动支付技术规范》。

条文说明

按照应用方式，收费公路移动支付分为停车移动支付和不停车移动支付两种方式，这两种方式在关键技术、系统设施建设和应用模式上均存在很大不同。因此，《收费公路移动支付技术规范》将由停车移动支付和不停车移动支付相关规范组成。

1.0.4 收费公路停车移动支付作为人工半自动收费支付方式之一，除应符合本规范的规定外，尚应符合国家和行业现行有关标准的规定。

条文说明

收费公路停车移动支付，作为人工半自动收费支付方式之一，是在原收费系统的基础上增加专用设施实现的。因此，国家和行业现行有关标准还应作为收费公路停车移动支付遵循的基础标准。

2 术语和缩略语

2.1 术语

2.1.1 收费公路移动支付 mobile payment of toll road

用户使用移动终端或绑定账户支付收费公路通行费的服务方式。

2.1.2 停车移动支付 manual mobile payment

适用于MTC出口车道,沿用封闭式收费公路"入口领券(卡)、出口交券(卡)缴费"的收费制式,用户在停车状态下采用二维码、虚拟卡等支付通行费的方式。

2.1.3 移动终端 mobile terminal

用户持有的具有移动通信能力的终端设备,如手机、PAD等。

2.1.4 二维码 two-dimensional code

在平面上使用若干个与二进制相对应的图形来表示记录数据信息的几何形体。

条文说明

根据用户使用二维码的方式,可分为用户主动方式和用户被动方式。用户主动方式指用户使用移动终端作为二维码识读设备读取目标设备上的二维码信息并完成支付的方式;用户被动方式指通过专用二维码识读设备读取用户移动终端上的二维码并完成支付的方式。收费公路停车移动支付宜采用用户被动方式。

2.1.5 虚拟卡 virtual card

基于金融IC卡派生出来的虚拟账户,以移动终端为存储载体,通过NFC技术完成无卡支付。

2.1.6 第三方支付平台 third-party payment platform

银行或具备支付业务许可证的非银行支付机构的支付系统,其主要承担的功能包括受理移动支付交易请求、生成和下发对账单、交易结算。

2.1.7 移动支付平台　mobile payment platform

收费系统为满足停车移动支付应用建设的、用于对外连接第三方支付平台的前置系统或功能模块，完成与第三方支付平台的对账；按照数据传输方式的不同，移动支付平台还可作为收费系统对外与第三方支付平台的接口，与其进行数据交互，完成停车移动支付扣费流程；同时根据运营模式的不同，移动支付平台还可与联网收费清分结算系统完成移动支付通行费的对账，以及受理终端的管理等。

条文说明

当移动支付平台是独立于原收费设施建设的系统时，可自建运营，也可由第三方服务提供商建设和运营。

2.1.8 数字证书　digital certificate

也称公钥证书，由证书认证机构签名的包含公开密钥拥有者信息、公开密钥、签发者信息、有效期以及扩展信息的一种数据结构。按类别可分为个人证书、机构证书和设备证书，按用途可分为签名证书和加密证书。

2.1.9 受理终端　point of interaction

识读二维码或虚拟卡信息并参与移动支付交易的专用设备。受理终端类型包括扫码终端、只读扫码终端、金融POS终端等。

2.1.10 扫码终端　code scanning terminal

识读二维码并处理移动支付交易的专用设备。

2.1.11 只读扫码终端　read-only code scanning terminal

仅具备识读二维码功能的专用设备。

2.1.12 冲正　reversal

由车道发起，通知后端系统对前一笔状态未明的交易发起取消的一种交易。

2.1.13 撤销　cancellation

由车道或移动支付平台发起，将车道已成功完成扣费，尚未完成结算的某条交易记录所涉及全部金额按原路径退还用户的一种交易。

2.1.14 退费　refund

由移动支付平台发起，将已完成结算的某条交易记录所涉及全部或部分金额按原路径退还用户的一种交易。

条文说明

"冲正""撤销"和"退费"这 3 个术语在不同应用领域的定义存在差异，为准确理解本规范，在此结合收费公路停车移动支付应用给出定义。

2.1.15 对账 reconciliation

对交易数据进行核对，以确认交易的一致性和准确性的业务。

2.1.16 结算 settlement

根据对账结果或清分结果进行资金收付的业务。

2.1.17 安全单元 secure element

在移动支付中负责关键数据的安全存储和运算功能的部件。

2.1.18 数字签名 digital signature

附加在数据单元上的数据，或是对数据单元所做的密码变换，这种数据或变换允许数据单元的接收者用以确认数据单元的来源和完整性，并保护数据防止被人伪造或抵赖。

2.2 缩略语

APP——应用软件（Application）；
BCD——BCD 代码（Binary-Coded Decimal）；
ETC——电子不停车收费（Electronic Toll Collection）；
GUID——全局唯一标识符（Globally Unique Identifier）；
IPSEC——互联网协议安全（Internet Protocol Security）；
MTBF——平均无故障时间（Mean Time Between Failures）；
MTC——人工半自动收费（Manual Toll Collection）；
NFC——近距离无线通信（Near Field Communication）；
PIN——个人识别码（Personal Identification Number）；
POS——销售点（Point of Sale）；
SE——安全单元（Secure Element）；
SNMP——简单网络管理协议（Simple Network Management Protocol）；
VLAN——虚拟局域网（Virtual Local Area Network）；
VPN——虚拟专用网络（Virtual Private Network）。

3 基本规定

3.0.1 停车移动支付可根据需要选择一种或多种移动支付方式。

条文说明

收费公路停车移动支付，不涉及跨省域互联互通，本着"开放、兼容"的原则，在保障网络安全要求的前提下，鼓励为用户提供更便捷的、多元化的支付方式。

3.0.2 停车移动支付系统应按现行《信息安全技术 信息系统安全等级保护基本要求》（GB/T 22239）中第三级及以上的要求建设。

3.0.3 停车移动支付系统应用不得对现有收费系统网络安全和稳定运行造成影响。

条文说明

收费公路通信网络是相对封闭的高速公路通信网，随着停车移动支付在收费公路的应用，网络安全风险防控显得尤为重要。因此，本规范对停车移动支付系统提出按现行《信息安全技术 信息系统安全等级保护基本要求》（GB/T 22239）中第三级及以上的要求进行建设，以做到网络安全与信息化发展并重。

3.0.4 在移动支付交易过程中，移动终端（APP）与第三方支付平台之间的安全机制应由第三方支付平台保障。

条文说明

条文中的"移动终端（APP）"，是指由相应的第三方支付平台提供的、用于提供支付交易的APP。

3.0.5 停车移动支付系统相关加解密运算应采用国产密码算法。

3.0.6 停车移动支付专用设施应与收费系统时钟保持一致。

4 系统框架及功能要求

4.1 系统框架

4.1.1 收费公路停车移动支付系统是在现有收费系统的基础上增加移动支付平台和受理终端。收费公路停车移动支付系统框架应符合图 4.1.1 的规定。

图 4.1.1 收费公路停车移动支付系统框架示意图

条文说明

由于收费公路停车移动支付系统只是在现有收费系统的基础上增加了专用设施，因此系统框架仍沿用现有的收费系统总体框架。

4.1.2 收费公路停车移动支付系统与第三方支付平台、移动终端（APP）共同完成停车移动支付过程。收费公路停车移动支付应用逻辑框架应符合图 4.1.2 的规定。

图 4.1.2 收费公路停车移动支付应用逻辑框架示意图

条文说明

第三方支付平台和移动终端（APP）作为外部系统，不属于收费公路停车移动支付系统范畴。

4.1.3 收费公路停车移动支付系统数据传输网络可采用高速公路通信网、电信运营商专线网络、互联网等，并应符合本规范第 6 章的规定。

条文说明

收费公路停车移动支付系统内部以及与第三方支付平台之间的数据传输网络模式有多种方式，可根据实际情况，在满足安全防护要求的前提下，自行选择网络建设模式和数据传输方式，本规范不再具体规定。

4.2 功能要求

4.2.1 联网收费清分结算系统涉及停车移动支付应具备下列功能：
1 与移动支付平台或第三方支付平台完成停车移动支付交易的对账、结算。
2 停车移动支付通行费的清分结算。
3 停车移动支付车道流水数据的查询、统计和备份管理。

条文说明

1 当移动支付平台是独立于联网收费清分结算系统建设时，联网收费清分结算系统与移动支付平台之间完成对账，而与第三方支付平台之间的对账则由移动支付平台完成；当移动支付平台仅是联网收费清分结算系统的一个功能模块时，联网收费清分结算系统直接与第三方支付平台完成停车移动支付交易的对账、结算。

4.2.2 移动支付平台应具备下列功能：
1 与第三方支付平台进行数据交互，完成停车移动支付交易对账。
2 当移动支付平台作为收费系统唯一对外与第三方支付平台连接的功能模块，并参与交易过程时，应具备交易数据的接收、发送和处理功能。
3 当移动支付平台独立于联网收费清分结算系统时，应具备与联网收费清分结算系统实现数据交互，完成停车移动支付交易的对账功能。
4 支持冲正/撤销/退费交易，交易流程应符合本规范附录 A 的规定。
5 对受理终端的信息管理。

4.2.3 区域/路段分中心系统涉及停车移动支付应具备下列功能：
1 接收站级系统上传的停车移动支付车道流水，并上传联网收费清分结算系统。
2 本路段所辖停车移动支付车道流水数据的查询、统计和存储管理。

条文说明

当收费系统不存在区域/路段分中心系统时，可忽略本条款的规定。

4.2.4 收费站系统涉及停车移动支付应具备下列功能：
1 将停车移动支付车道流水上传至区域/路段分中心系统或直接上传至联网收费清分结算系统。
2 停车移动支付车道流水数据的查询、统计和存储管理。

条文说明

当收费系统不存在收费站系统时，可忽略本条款的规定。

4.2.5 出口车道系统涉及停车移动支付应具备下列功能：
1 与移动终端（APP）进行数据交互，完成扣费交易，扣费流程应符合本规范附录 A 的规定。
2 支持冲正/撤销交易，冲正/撤销流程应符合本规范附录 A 的规定。
3 根据支付交易结果，按出口车道停车移动支付操作流程控制车道外围设备，放行/拦截车辆，出口车道停车移动支付关键操作流程应符合本规范附录 B 的规定。
4 停车移动支付车道流水的生成、本地存储和上传。
5 受理终端运行状态监测。

条文说明

　　停车移动支付仅涉及车道系统中的出口车道设施建设，因此仅对出口车道系统进行规定，入口车道系统遵循收费系统现有相关技术标准即可。

4.2.6 受理终端作为车道系统的组成部分，配合车道系统完成停车移动支付交易，并应符合本规范附录 C 的规定。

5 信息编码和数据接口

5.1 信息编码

5.1.1 交易类型编码规则应符合表 5.1.1 的规定。

表 5.1.1 交易类型编码规则

序 号	交易类型	代码（长度1字节）
1	扣费	0x01
2	冲正	0x02
3	撤销	0x03
4	退费	0x04
5	行业预留	0x05 ~ 0x1F
6	省级自定义	0x20 ~ 0xFF

5.1.2 受理终端编号编码规则应符合图 5.1.2 的规定。

注：1. 厂商代码采用十六进制，由交通运输行业密钥管理系统承担单位统一管理。
2. 生产日期采用压缩 BCD 编码方式，格式为 YYYYMMDD。
3. 终端型号采用十六进制，由厂商自行定义。
4. 序列号采用 BCD 编码方式，由厂商编码管理，要求同一厂商、同一生产日期、同一终端型号的产品序列号不能重复。

图 5.1.2 受理终端编号编码规则

条文说明

条文中的"受理终端编号编码规则"，主要适用于收费公路专用的非金融机构受理终端，可在设备出厂前预置。如采用金融 POS 终端等类型的受理终端，可在满足应用需求的前提下使用其行业自定义的编码规则。

5.1.3 第三方支付平台代码编码规则应符合表5.1.3的规定。

表5.1.3 第三方支付平台代码编码规则

序 号	平 台 名 称	代 码（长度1字节）
1	银联支付	0x01
2	微信支付	0x02
3	支付宝	0x03
4	百度支付	0x04
5	京东支付	0x05
6	行业预留	0x06～0x1F
7	省级自定义	0x20～0xFF

5.1.4 支付方式标识编码规则应符合表5.1.4的规定。

表5.1.4 支付方式标识编码规则

序 号	支 付 方 式	代 码（长度1字节）
1	现金	0x01
2	ETC用户卡	0x02
3	银行卡	0x03
4	二维码	0x04
5	虚拟卡	0x05
6	行业预留	0x06～0x1F
7	省级自定义	0x20～0xFF

条文说明

用户支付通行费的方式包括现金、ETC用户卡、银行卡、二维码及虚拟卡等，在车道流水中明确支付方式，便于后台系统进行区分。

5.1.5 移动支付平台订单号应具有唯一性，可采用GUID编码。

条文说明

移动支付平台订单号可采用GUID作为唯一标识，也可由运营管理单位制定规则自行定义，无论采用哪种方式，在所归属的系统内都应确保该订单号的唯一性。

5.2 数据接口

5.2.1 二维码支付交易流程中，车道系统向移动支付平台发送扣费请求的数据接口应符合表5.2.1-1的规定，移动支付平台返回扣费应答的数据接口应符合表5.2.1-2的规定。

表 5.2.1-1　扣费请求接口

序　号	字　段　名	别　　名	数　据　类　型
1	交易类型	BusinessType	unsignedByte
2	受理终端编号	TermNo	string（32）
3	车道移动支付流水号	PayIdentifier	string（32）
4	请求发起时间	RequestTime	dateTime
5	二维码数据	QRCode	string（64）
6	总费额（单位：分）	TollAmount	unsignedInt

表 5.2.1-2　扣费应答接口

序　号	字　段　名	别　　名	数　据　类　型
1	交易类型	BusinessType	unsignedByte
2	应答的受理终端编号	TermNo	string（32）
3	应答的车道移动支付流水号	PayIdentifier	string（32）
4	请求应答时间	ReplyTime	dateTime
5	响应状态	ReplyStatus	unsignedByte
6	响应消息	StatusMessage	string（128）
7	移动支付平台订单号	MblPayPlatNumber	string（32）
8	第三方支付平台代码	PayChannelCode	unsignedByte

条文说明

停车移动支付系统架构存在多种网络连接模式，其中一种是移动支付平台作为收费系统与第三方支付平台的支付网关做交易数据的转发和处理；另外一种模式是受理终端直连第三方支付平台做数据交互。本规范第 5.2.1 条和第 5.2.2 条的接口定义适用于前一种模式。在扣费请求的接口中，由车道系统生成车道移动支付流水号作为该笔交易的唯一标识，扣费应答接口返回移动支付平台订单号作为移动支付平台处理该笔交易的唯一标识。

5.2.2　二维码支付交易流程中，车道系统向移动支付平台发送冲正/撤销请求的数据接口应符合表 5.2.2-1 的规定，移动支付平台返回冲正/撤销应答的数据接口应符合表 5.2.2-2 的规定。

表 5.2.2-1　冲正/撤销请求接口

序　号	字　段　名	别　　名	数　据　类　型
1	交易类型	BusinessType	unsignedByte
2	受理终端编号	TermNo	string（32）
3	车道移动支付流水号	PayIdentifier	string（32）
4	请求发起时间	RequestTime	dateTime

表 5.2.2-2 冲正/撤销应答接口

序 号	字 段 名	别 名	数 据 类 型
1	交易类型	BusinessType	unsignedByte
2	应答的受理终端编号	TermNo	string（32）
3	应答的车道移动支付流水号	PayIdentifier	string（32）
4	请求应答时间	ReplyTime	dateTime
5	响应状态	ReplyStatus	unsignedByte
6	响应消息	StatusMessage	string（128）

条文说明

冲正和撤销交易的数据接口一致，在交易类型字段中对冲正和撤销进行区分。

5.2.3 出口车道收费流水应区分支付方式，并包括受理终端编号、移动支付平台订单号、第三方支付平台代码等扩展字段。

条文说明

为便于系统识别处理，出口车道停车移动支付流水应按照本规范第 5.1.4 条的定义区分支付方式。同时，在出口车道停车移动支付流水中包含的受理终端编号、移动支付平台订单号及第三方支付平台代码等扩展字段，可在交易流程中由车道系统记录。

5.2.4 基于虚拟卡的交易数据接口应符合金融行业标准的有关规定。

条文说明

针对虚拟卡支付业务，金融行业已定义了一套相对安全和完善的标准。因此，基于虚拟卡的交易数据接口应符合金融行业标准。

5.2.5 当车道系统直接与第三方支付平台通信完成交易时，数据接口可参考本规范进行适应性调整。

6 安全防护要求

6.1 网络安全防护要求

6.1.1 收费公路停车移动支付系统网络架构应符合下列规定：
1 保证网络设备的业务处理能力、网络各个部分的带宽满足业务高峰期需要。
2 根据不同的业务功能划分不同的网络区域，并按照方便管理和控制的原则为各网络区域分配地址。
3 应避免将重要网络区域部署在没有边界防护措施的网络边界处。
4 提供通信线路、关键及重要网络设备的硬件冗余，保证系统的高可用性。

条文说明

4 在等级保护体系中，将设备按重要程度划分为三个级别，分别为关键、重要及一般。关键设备是指核心的业务处理及数据转发设备，当关键设备发生故障时会对业务服务造成重大影响甚至服务中断；重要设备是指系统辅助性业务处理及数据转发设备，当重要设备发生故障时，会对业务服务造成较大影响；一般设备是指非业务处理及数据转发设备，当一般设备发生故障时，不会对业务服务造成实质性影响，并可通过其他方式进行替代。

6.1.2 收费公路停车移动支付系统利用外部网络通信传输时，应采用密码技术保证通信过程中数据的完整性及保密性。

6.1.3 收费公路停车移动支付系统在下列情况应采取网络边界隔离、访问控制措施：
1 收费公路停车移动支付系统接入外部网络时，应在相应节点采取边界隔离、访问控制措施。
2 收费系统中与移动支付平台直接连接的节点应采取边界隔离、访问控制措施。

条文说明

条文中的"网络边界"，指内部安全网络与外部非安全网络的分界线。在本规范中指系统通过非高速公路通信网进行数据传输时的链路接入节点。
1 条文中的"外部网络"，是指不可控的专线网络、互联网等。

6.1.4 收费公路停车移动支付系统网络边界完整性应符合下列规定：
1 能够对非授权设备私自联到内部网络的行为进行检查并阻断。
2 能够对内部用户非授权联到外部网络的行为进行检查并阻断。
3 限制无线网络的使用，确保无线网络通过受控的边界防护设备接入内部网络。

条文说明

条文中的"无线网络"，指采用无线通信技术进行数据传输的网络。在本规范中，无线网络包括移动通信网络（如4G、3G或GPRS）、无线局域网（WiFi）及蓝牙、红外等技术组建的网络。

6.1.5 收费公路停车移动支付系统网络访问控制应符合下列规定：
1 在网络边界或网络区域间根据访问控制策略设置访问控制规则。
2 应删除多余或无效的访问控制规则，优化访问控制列表，并保证访问控制规则数量最小化。
3 对源地址、目的地址、源端口、目的端口和协议等进行检查，提供明确的允许/拒绝访问的能力，控制粒度为端口级。
4 在关键网络节点处对进出网络的信息内容进行过滤，实现对内容的访问控制。

6.1.6 收费公路停车移动支付系统网络入侵防范应符合下列规定：
1 在关键网络节点处检测并阻断网络攻击行为。
2 采取技术措施对网络行为进行分析，实现对网络攻击特别是未知的新型网络攻击的检测和分析。
3 当检测到攻击行为时，记录攻击源IP、攻击类型、攻击目的和攻击时间，在发生严重入侵事件时应提供报警。

6.1.7 收费公路停车移动支付系统网络应在关键网络节点处对恶意代码进行检测和清除，并维护恶意代码防护机制的升级和更新。

6.1.8 收费公路停车移动支付系统网络安全审计应符合下列规定：
1 在关键及重要网络节点进行安全审计，审计覆盖到每个用户，对重要的用户行为和重要安全事件进行审计。
2 审计记录应包括事件的日期和时间、用户、事件类型、事件是否成功及其他与审计相关的信息。
3 设置独立的日志服务器，对审计记录进行保护，并定期备份避免受到未预期的删除、修改或覆盖等，日志保存时间不低于6个月。
4 审计记录产生时的时间应由系统范围内唯一确定的时钟产生，以确保审计分析的正确性。

5 对远程访问的用户行为、访问互联网的用户行为等单独进行行为审计和数据分析。

6.1.9 收费公路停车移动支付系统网络集中管控应符合下列规定：
1 划分出特定的管理区域，对分布在网络中的安全设备或安全组件进行管控。
2 能够建立安全的信息传输路径，对网络中的安全设备或安全组件进行管理。
3 对网络链路、安全设备、网络设备和服务器等的运行状况进行集中监测。
4 对分散在各个设备上的审计数据进行收集汇总和集中分析。
5 对安全策略、恶意代码、补丁升级等安全相关事项进行集中管理。
6 对网络中发生的各类安全事件进行识别、报警和分析。

条文说明

2 条文中的"建立安全的信息传输路径"是指需要划分独立的管理区域，采用带外管理或划分独立的管理 VLAN，采取安全可控的措施。

6.2 设备安全防护要求

6.2.1 收费公路停车移动支付系统服务器与网络设备的身份鉴别应符合下列规定：
1 对登录用户进行身份标识和鉴别，身份标识具有唯一性。
2 身份鉴别信息中密码应具有复杂度要求并定期更换，密码长度不应低于 8 位，应大小写字母、数字与特殊字符混合使用，周期不宜超过 3 个月。
3 设备应配置系统登录失败处理措施，连续 5 次登录失败后锁定账户；配置登录连接超时自动注销措施，账户登录 10min 无操作自动注销。
4 当进行远程管理时，应采取必要措施，防止鉴别信息在网络传输过程中被窃听。
5 对设备进行管理时，采用双因素鉴别方式对管理人员进行身份鉴别。

条文说明

本节条文中的"服务器和网络设备"，包括物理及虚拟化的服务器、网络设备、安全设备等。

5 条文中的"双因素鉴别方式"，是指对管理员采用两种或两种以上的鉴别方式进行身份验证，且其中一种鉴别技术应使用动态口令、密码技术或生物技术来实现。

6.2.2 收费公路停车移动支付系统服务器与网络设备的访问控制应符合下列规定：
1 提供访问控制功能，由授权主体配置访问控制策略，访问控制策略规定主体对客体的访问规则。
2 访问控制的粒度应达到主体为用户级或进程级，客体为文件、数据库表级。

3 对登录用户分配账户和权限，并进行角色划分，仅授予管理用户账户所需的最小权限，实现管理用户账户的权限分离。
4 重命名默认账户或修改这些账户的默认口令。
5 及时删除或停用多余的、过期的账户，避免共享账户的存在。

6.2.3 收费公路停车移动支付系统服务器与网络设备的安全审计应符合下列规定：
1 启用设备安全审计功能，审计覆盖到每个用户，对重要的用户行为和重要安全事件进行审计。
2 审计记录应包括事件的日期和时间、用户、事件类型、事件是否成功及其他与审计相关的信息。
3 设置独立的日志服务器，对审计记录进行保护，并定期备份，日志保存时间不低于6个月。
4 审计记录产生时的时间应由系统范围内唯一确定的时钟产生，以确保审计分析的正确性。
5 应对审计进程进行保护，防止未经授权的中断。

条文说明

5 应对审计管理权限进行限制，防止审计功能被非授权中断。

6.2.4 收费公路停车移动支付系统服务器与网络设备的入侵防范应符合下列规定：
1 遵循最小安装的原则，仅安装需要的组件和应用程序。
2 关闭不需要的系统服务、默认共享和高危端口。
3 应采用设定终端接入方式或网络地址范围对通过网络进行管理的管理终端进行限制。
4 发现可能存在的漏洞，并在经过充分测试评估后，及时修补漏洞。
5 应能够检测到对关键、重要节点进行入侵的行为，并在发生严重入侵事件时提供报警。

6.2.5 收费公路停车移动支付系统中的服务器应安装防范恶意代码软件，定期更新恶意代码特征码。

6.2.6 收费公路停车移动支付系统服务器与网络设备的资源控制应符合下列规定：
1 应限制单个用户或进程对系统资源的最大使用限度。
2 应提供重要节点设备的硬件冗余，保证系统的可用性。
3 对重要设备进行监视，包括监视CPU、硬盘、内存等资源的使用情况。
4 对重要设备的服务水平降低到预先规定的最小值进行检测和报警。

条文说明

4 条文中的"服务水平",是指设备的CPU、内存、硬盘等资源的使用情况。

6.2.7 收费公路停车移动支付系统对受理终端管控应符合下列规定:
1 应对受理终端进行设备生命周期管理。
2 具备智能操作系统的受理终端应具有软件白名单功能,应能根据白名单控制应用软件安装、运行。
3 具备智能操作系统的受理终端应具有应用软件权限控制功能,应能控制应用软件对受理终端中资源访问。
4 具备智能操作系统的受理终端应具有接受管理服务端推送的应用软件管理策略,并根据该策略对软件实施管控的能力。

条文说明

条文中的"智能操作系统",包括Android系统、IOS系统、精简版Linux系统、Windows PE系统等。
2 为避免恶意代码对具备智能操作系统的受理终端造成破坏,在受理终端上设置软件白名单,在白名单之内的软件方可安装、运行。

6.2.8 当受理终端通过非高速公路通信网直接连接移动支付平台时,应符合下列规定:
1 受理终端与移动支付平台之间应建立安全的信息传输通道,建立安全通道的工作原理应符合《中国金融集成电路(IC)卡规范 第16部分:IC卡互联网终端规范》(JR/T 0025.16—2013)中第8.2节的有关规定。
2 建立安全通道的签名密钥长度不应低于256位,会话密钥长度不应低于128位。
3 通过受理终端发送报文的关键要素宜进行数字签名,以确保移动支付信息的真实性和不可抵赖性。

条文说明

受理终端可视作《中国金融集成电路(IC)卡规范 第16部分:IC卡互联网终端规范》(JR/T 0025.16—2013)中第8.2节所述终端和主机的一体化设备。中国人民银行针对金融POS终端有严格的技术规范,收费系统可按照该规范要求遵照执行。

6.3 应用安全防护要求

6.3.1 收费公路停车移动支付系统应用安全身份鉴别应符合下列规定:
1 对登录收费公路停车移动支付系统的用户进行身份标识和鉴别,身份标识具有唯一性。

2 身份鉴别信息中密码应具有复杂度要求并定期更换，密码长度不应低于 8 位，应大小写字母、数字与特殊字符混合使用，周期不宜超过 3 个月。

3 收费公路停车移动支付系统应具有系统登录失败处理功能，连续 5 次登录失败后锁定账户；应具有登录连接超时自动注销功能，账户登录 10min 无操作自动注销。

4 强制首次登录移动支付平台时修改初始口令。

5 对收费公路停车移动支付系统进行管理时，采用双因素鉴别方式对管理人员进行身份鉴别。

6.3.2 收费公路停车移动支付系统应用安全访问控制应符合下列规定：

1 提供访问控制功能，由授权主体配置访问控制策略，访问控制策略规定主体对客体的访问规则。

2 访问控制的粒度应达到主体为用户级，客体为文件、数据库表级、记录或字段级。

3 对登录移动支付平台的用户分配账户和权限，并进行角色划分，仅授予不同账户为完成各自承担任务所需的最小权限，在管理用户账户之间形成相互制约的关系。

4 重命名默认账户或修改这些账户的默认口令。

5 及时删除或停用多余的、过期的账户，避免共享账户的存在。

6.3.3 收费公路停车移动支付系统应用安全审计应符合下列规定：

1 移动支付平台应提供安全审计功能，审计覆盖到每个用户，对重要的用户行为和重要安全事件进行审计。

2 审计记录应包括事件的日期和时间、用户、事件类型、事件是否成功及其他与审计相关的信息。

3 设置独立的日志服务器，对审计记录进行保护，并定期备份，日志保存时间不低于 6 个月。

4 审计记录产生时的时间应由系统范围内唯一确定的时钟产生，以确保审计分析的正确性。

5 应对审计进程进行保护，防止未经授权的中断。

6.3.4 收费公路停车移动支付系统应用软件容错应符合下列规定：

1 应提供数据有效性检验功能，保证通过人机接口输入或通过通信接口输入的内容符合系统设定要求。

2 在故障发生时，应能够继续提供一部分功能，确保能够实施必要的措施。

3 应提供自动保护功能，当故障发生时自动保护当前所有状态，保证系统能够进行恢复。

6.3.5 收费公路停车移动支付系统应用资源控制应符合下列规定：
1 当通信双方中的一方在一段时间内未作任何响应时，另一方应能够自动结束会话。
2 对系统的最大并发会话连接数、单个账户的多重并发会话进行限制。

条文说明

对业务系统的最大连接进行限制，并限制单账户最大并发连接数，在应用层对业务系统进行安全防护，防止因资源滥用对业务系统的处理性能造成影响。

6.3.6 收费公路停车移动支付系统应保证系统账户鉴别信息及敏感数据所在的存储空间被释放或重新分配前得到完全清除。

6.4 数据安全防护要求

6.4.1 收费公路停车移动支付系统应采用密码技术保证重要数据在传输及存储过程中的完整性及保密性。

6.4.2 收费公路停车移动支付系统数据备份与恢复应符合下列规定：
1 提供重要数据的本地数据备份与恢复功能。
2 对移动支付平台及相关业务系统的重要数据实现异地实时备份功能。
3 提供重要数据处理系统的热冗余，保证系统的高可用性。

6.5 物理和环境安全防护要求

6.5.1 可以独立定级为网络安全等级保护第三级及以上的收费公路停车移动支付系统，其新建或改建的机房物理和环境安全防护应符合《数据中心设计规范》（GB 50174—2017）中 B 级机房及以上的有关规定，同时还应符合现行《信息安全技术 信息系统安全等级保护基本要求》（GB/T 22239）中第三级物理和环境安全的有关规定。

6.5.2 利用现有机房建设的收费公路停车移动支付系统，其机房的物理和环境安全防护应符合《数据中心设计规范》（GB 50174—2017）中 B 级机房的有关规定。

附录 A 交易流程

A.0.1 停车移动支付扣费流程应符合图 A.0.1 的规定，按下列步骤处理：
1 用户使用移动终端展示支付二维码，或刷虚拟卡支付。
2 受理终端识读支付二维码，或读取虚拟卡信息。收费系统根据车道系统计算的收费金额，向第三方支付平台发起扣费请求。
3 第三方支付平台处理扣费交易，发送扣费结果至移动终端，同时发送至车道系统/受理终端。
4 车道系统接收并显示扣费结果；移动终端接收并显示扣费结果。
5 结束。

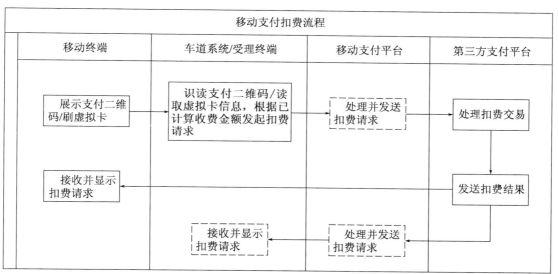

图 A.0.1 扣费流程

A.0.2 车道系统/受理终端识读支付二维码，或读取虚拟卡信息后，向第三方支付平台发起支付请求至收到支付结果，时间不应超过 3s。

A.0.3 车道系统/受理终端发起的冲正/撤销流程应符合图 A.0.3 的规定，按下列流程处理：
1 车道系统/受理终端核实相关信息，向第三方支付平台发起冲正/撤销请求。

2 第三方支付平台处理冲正/撤销交易,发送冲正/撤销处理结果至移动终端,同时发送至车道系统/受理终端。

3 车道系统/受理终端接收并记录冲正/撤销结果;移动终端接收冲正/撤销结果。

4 结束。

图 A.0.3 冲正/撤销流程

A.0.4 移动支付平台发起的撤销/退费流程应符合图 A.0.4 的规定,按下列流程处理:

1 移动支付平台核实相关信息,向第三方支付平台发起撤销/退费请求。

2 第三方支付平台处理撤销/退费交易,并发送撤销/退费处理结果至移动支付平台和移动终端。

3 移动支付平台接收并记录撤销/退费结果;移动终端接收撤销/退费结果。

4 结束。

图 A.0.4 撤销/退费流程

附录 B 出口车道停车移动支付关键操作流程

B.0.1 出口车道停车移动支付关键操作流程应符合图 B.0.1 的规定，按下列步骤处理：

1 车道系统录入车型、车牌等信息，货车录入称重信息。
2 车道系统读取车辆入口信息、路径信息。
3 车道系统计算费率，显示收费金额。
4 用户选择支付方式，若为移动支付，进入步骤5；若为其他支付方式，进入其他支付流程。
5 进入移动支付扣费交易流程。
6 支付成功后，生成移动支付收费流水，栏杆抬起，车道放行；若支付失败，返回到步骤4。
7 车辆通过，交易结束。

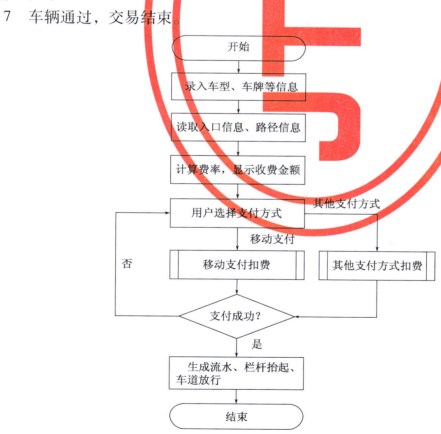

图 B.0.1 出口车道停车移动支付关键操作流程

附录 C 受理终端技术要求

C.0.1 扫码终端功能应符合下列规定：

1 应能够识读现行《名片二维码通用技术规范》(GB/T 31022)、《二维条码 网格矩阵码》(SJ/T 11349)、《二维条码 紧密矩阵码》(SJ/T 11350) 等规定的二维码。

2 应设置唯一的设备序列号。

3 宜具备语音播报，提示交易状态功能。

4 宜具备图文显示功能，提示应缴金额、扣费状态等信息。

5 应具备设备状态自检和状态上报功能。

6 应确保固件和软件不被非法注入或更新。

7 应支持标准串行接口 RS-232 接口，以太网接口可选支持。

8 应具备 SE 模块，SE 模块技术要求应符合本规范附录 D 的规定。

9 应提供数字证书、密钥参数等数据的安全下载、更新和删除功能。

10 宜具备终端交易记录存储和记录查询功能。

11 具备智能操作系统的受理终端，应具备日志记录和上传功能，支持 SYSLOG 或 SNMP 协议。

C.0.2 扫码终端技术指标应符合下列规定：

1 二维码最小模块尺寸为 1.905mm 时，根据安装方式的不同，横向扫码方式下的扫码终端宜符合图 C.0.2-1 和图 C.0.2-2 的规定，二维码识读距离宜为 10~150cm，当扫码距离为 80cm 时，识读区域不宜小于 40cm×40cm；纵向扫码方式下的扫码终端宜符合图 C.0.2-3 和图 C.0.2-4 的规定，二维码识读距离宜为 80~220cm，当扫码距离为 150cm 时，识读区域不宜小于 60cm×40cm。

2 MTBF 不应低于 10 000h。

3 设备使用寿命应大于 100 000h。

4 如支持屏显，显示屏亮度不应低于 $1\,000\text{cd/m}^2$。

5 设备电源模块应支持 AC 220V (±10%) 的电源输入。

6 工作温度宜为 -35℃ ~ +55℃，工作相对湿度宜为 4% ~ 100%。

7 设备的防护等级不应低于 IP65。

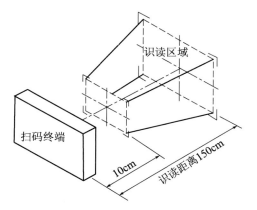

图 C.0.2-1 横向扫码方式下的二维码识读距离示意图

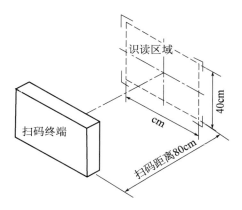

图 C.0.2-2 横向扫码方式下的二维码识读区域示意图

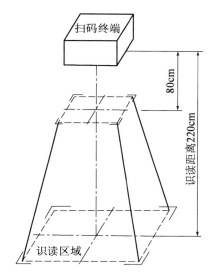

图 C.0.2-3 纵向扫码方式下的二维码识读距离示意图

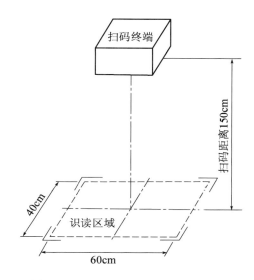

图 C.0.2-4 纵向扫码方式下的二维码识读区域示意图

C.0.3 只读扫码终端应符合本规范第 C.0.1 条第 1 款和第 2 款的规定。

C.0.4 金融 POS 终端应符合金融行业标准的有关规定。

附录 D SE 模块技术要求

D.0.1 SE 模块的功能应符合下列规定：
1 支持 T=0 通信协议。
2 支持 SM2、SM3、SM4 算法。
3 具有密钥生成和数字签名运算能力。
4 有独立的不可读区域，存放终端私钥、终端密钥等代表终端唯一性的重要信息。
5 参与密钥运算的随机数应由 SE 模块生成。
6 支持与处理中心之间建立安全通道，对与外部交互的数据进行加、解密运算及合法性、完整性验证。
7 能够安全地存储密钥，禁止外部对密钥的直接访问，并通过有效的安全机制防止密钥被非法注入、替换和使用。
8 不应存在输出明文私钥、明文密钥或者明文 PIN 的机制。
9 生成随机数的随机性指标应符合国际通用硬件产生随机数标准要求。
10 支持多应用，各应用之间相互独立。
11 支持多种文件类型，包括二进制文件、定长记录文件、变长记录文件、循环文件等。
12 在通信过程中支持多种安全保护机制（信息的机密性和完整性保护）。
13 支持多种安全访问方式和权限（认证功能和口令保护）。

D.0.2 基于集成电路卡的 SE 模块技术指标应符合下列规定：
1 非易失性存储器容量不低于 32kbytes。
2 支持 1.8V 和 3V 工作电压。
3 工作温度宜为 -25℃ ~ +70℃，寒区宜为 -40℃ ~ +70℃。存储温度宜为 -40℃ ~ +85℃。工作相对湿度宜为 10% ~ 95%。
4 外部工作时钟频率不低于 7.5MHz。
5 其他物理特性、电气特性应符合现行《识别卡 带触点的集成电路卡》（GB/T 16649）的有关规定。

D.0.3 安全等级应达到现行《安全芯片密码检测准则》（GM/T 0008）规定的 2 级及以上级别。

本规范用词用语说明

1 本规范执行严格程度的用词，采用下列写法：
1）表示很严格，非这样做不可的用词，正面词采用"必须"，反面词采用"严禁"；
2）表示严格，在正常情况下均应这样做的用词，正面词采用"应"，反面词采用"不应"或"不得"；
3）表示允许稍有选择，在条件许可时首先应这样做的用词，正面词采用"宜"，反面词采用"不宜"；
4）表示有选择，在一定条件下可以这样做的用词，采用"可"。

2 引用标准的用语采用下列写法：
1）在标准总则中表述与相关标准的关系时，采用"除应符合本规范的规定外，尚应符合国家和行业现行有关标准的规定"。
2）在标准条文及其他规定中，当引用的标准为国家标准和行业标准时，表述为"应符合《××××××》（×××）的有关规定"。
3）当引用本标准中的其他规定时，表述为"应符合本规范第×章的有关规定"、"应符合本规范第×.×节的有关规定"、"应符合本规范第×.×.×条的有关规定"或"应按本规范第×.×.×条的有关规定执行"。